Gustave Ollendorff

La Peinture
au salon de 1885

Critique

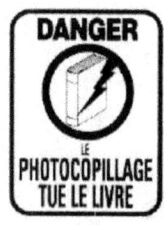
ISBN : 978-1983884672

10 9 8 7 6 5 4 3 2 1

Gustave Ollendorff

La Peinture au salon de 1885

Critique

Table de Matières

La Peinture au salon de 1885

Si un critique d'art pouvait rendre la vie à un maître des siècles passés et le conduire au Salon de peinture de 1885, comme Dante a évoqué Virgile pour le conduire aux enfers, que cela serait intéressant et instructif ! Avec quelle avide curiosité on lirait sur le visage du maître d'autrefois les impressions multiples que feraient naître en lui les œuvres si diverses et parfois si contradictoires de l'école moderne ! Comme on noterait avec soin ses stupéfactions, ses approbations et plus souvent encore ses sourires ! Mais comprendrait-il bien tout d'abord ce qu'on lui mettrait sous les yeux ? Qu'on le suppose de Venise ou de Florence, coloriste ou dessinateur, lui serait-il possible de s'habituer vite à ces masses profondes de tableaux hétérogènes dont les auteurs se sont inspirés de tout et quelquefois même de la nature ? Aurait-il la compréhension bien nette de ce qui l'entourerait, lui l'homme austère et religieux à sa façon, qui est entré à l'atelier comme les dévots entrent à l'église, qui a regardé son maître, Raphaël ou Véronèse, comme une sorte de prêtre, comme le gardien vénéré de mystères augustes, et qui, toute sa vie, a conservé pieusement les saintes traditions d'un art local ? Ne se sentirait-il pas troublé, étourdi, anéanti, triste peut-être, et ce que nous appelons une exposition de peinture ne lui apparaîtrait-il pas comme un marché ou un bazar ?

L'art était autrefois, en effet, quelque chose de particulier, d'aristocratique et de mystérieux. Il ressemblait par beaucoup de côtés à la religion : comme elle, il avait ses traditions et ses dogmes, comme elle ses prêtres, et souvent aussi ses martyrs. Pour pénétrer ses mystères, pour goûter les joies infinies qu'il réserve à ses élus, il fallait une foi robuste. L'artiste devait vivre en dehors ou plutôt à côté de la société. Il rompait avec le monde, il partageait l'existence des humbles, et si, arrivé à l'éclosion complète de son génie, il se trouvait appelé à la cour d'un prince ou d'un pape, c'était pour être traité en ouvrier habile et pour être classé dans la domesticité intelligente. L'anecdote de Charles-Quint ramassant le pinceau du Titien m'a toujours semblé aussi apocryphe que le déjeuner de Molière à la table du grand roi.

La vérité vraie, je la vois dans la misère d'Andréa del Sarto payant d'une Madone immortelle un morceau de pain et l'hospitalité d'une nuit ; elle m'apparaît dans la soupente où Michel-Ange, vieilli et abandonné, soigne son domestique malade. C'était une vie pénible que la vie de ces hommes qui n'avaient d'autres joies que celles de l'idéal, à peu près réalisé, entre les grands dont ils se faisaient les serviteurs et la foule, pour laquelle ils restaient ignorés ou incompris. Leur foi seule les soutenait, peu différente de la foi religieuse, aussi fervente et parfois aussi exclusive, et leur donnait la force d'officier dans ces petites chapelles antagonistes qu'ils avaient élevées à Florence, à Rome, à Venise, ou bien encore à Amsterdam ou à Séville. Cherchaient-ils la fortune ou même la gloire ? Non, certes, à ce qu'il semble, car, l'œuvre achevée, combien négligeaient de placer dans un coin ou leurs initiales ou leurs signatures ! L'anonymat cachait la personnalité comme le capuchon la figure du moine qui chante à l'église. Peu leur importait l'obscurité où ils demeuraient volontairement. Ils voulaient léguer à la postérité la grandeur d'une doctrine et l'éblouissement d'une œuvre plutôt que le retentissement d'un nom. C'est cette abnégation, cette passion exclusive du beau qui explique leur petit nombre. Mais aujourd'hui tout a changé pour eux et en eux. En se modifiant, la société a modifié profondément leur manière d'être. L'art est descendu de la sphère élevée où l'avaient maintenu ses premiers adeptes, les traditions ont été oubliées et les chapelles sont tombées en ruines. Le dirons-nous, enfin, on n'a plus distingué les artistes des autres hommes ; ils ont été mêlés au monde, qui autrefois les tenait à distance ; ils se sont trouvés en présence du public, et, au lieu de poursuivre uniquement l'idéal, ils ont dû, coûte que coûte, chercher le succès. Jusqu'ici nos sculpteurs ont échappé en partie à cette contagion et à ses conséquences. L'âpre carrière à laquelle ils se sont voués, une sorte de rudesse native, spéciale et respectable, qui est l'apanage des forts et des convaincus, les difficultés de la route, les nécessités de l'existence, l'impossibilité de risquer sur un succès incertain le patient labeur que connaissent seuls ceux qui se sont donné pour mission de faire parler la pierre, tout a concouru à préserver du monde ces hommes qui sont l'honneur de l'école française de sculpture. Mille raisons les ont protégés et leur ont permis de conserver en eux un autre idéal que celui de la plaine Monceau, jusqu'à cette apparence d'artistes ouvriers qui n'ont pas toujours pris le temps, au milieu de leurs durs colloques avec le marbre, d'étudier le maniérisme raffiné des salons, et qui ont préféré approfondir les mystères émouvants de la nature plutôt que de s'enfoncer, pour égaler les bourgeois, dans les subtilités de la syntaxe.

Au contraire, c'est une justice à rendre à la plupart de nos peintres, ils ont cherché le succès partout ; et par tous les moyens ils ont tenté de ressusciter les écoles mortes, de rajeunir les traditions oubliées : ils ont exploité l'Italie, la Hollande, l'Espagne, et quelques-uns même ont songé à faire du neuf. N'était-il point nécessaire d'être remarqué et de suivre les goûts, les fantaisies et les caprices des acheteurs ? De là sont venus le tohu-bohu et l'incohérence des Salons actuels de peinture, où se rencontrent côte à côte toutes les tendances du présent, toutes les réminiscences du passé, toutes les influences étrangères, tous les courants cosmopolites. Une école de peinture, véritablement française, ayant un caractère propre, particulier, national, serait en vain cherchée au milieu de tout cela par le mieux intentionné des critiques d'art. Aucune pensée d'ensemble, aucune vue générale, aucun principe, aucun idéal ne relie entre elles les œuvres diverses accrochées le long des murs du palais de l'Industrie. « Chacun pour soi » semble être la seule devise commune à tous les auteurs, qui, depuis le plus grand jusqu'au plus mince, depuis celui qui couvre trente mètres de toile jusqu'à celui dont les œuvres ne se peuvent juger qu'à la loupe, s'abandonnent tous aux jouissances enivrantes d'un individualisme sans frein.

Est-ce un bien ? Est-ce un mal ? Qui sait ? Au demeurant, mieux vaut constater les faits que les discuter, et celui-ci crève littéralement les yeux. Le Salon ressemble à l'un de ces livres qu'un professeur érudit a intitulé : « Morceaux choisis de littérature française, » et où il a rangé dans un ordre savant, c'est-à-dire alphabétique, Racine à côté de Rabelais, Coppée à côté de Corneille, Lamartine à côté de La Fontaine, et Viennet à côté de Victor Hugo. Dans cette masse hétérogène, il est cependant possible encore de reconnaître des embryons d'écoles différentes qui essaient, soit de lutter contre une mort prématurée, soit de naître à la lumière et au jour. En cherchant bien, vous trouverez les tableaux de l'école néoclassique, école officielle patronnée par l'Institut et subventionnée par le gouvernement. C'est une école généralement grave, sage, réservée,

modérée, correcte, dont les élèves ont presque tous appris le dessin, l'anatomie, la perspective, plus beaucoup d'autres choses que
les peintres doivent laborieusement apprendre quand leur génie ne
les leur a pas révélées. Cette école a produit de grands maîtres autrefois : M. Ingres, le plus grand peut-être, M. Flandrin, M. Baudry,
M. Dubois, d'autres encore, sans compter M. G. Boulanger, qui,
aujourd'hui, écrit des brochures. Malheureusement la fécondité de
l'école néo-classique semble se ralentir un peu et un grand nombre
de ceux qu'elle a formés tombent dans la peinture anecdotique et
bourgeoise.

M. Gérôme en est un exemple frappant, lui qui a commencé par
un tableau grand comme les *Noces de Cana, le Siècle d'Auguste*, et
qui finit aujourd'hui par des miniatures à l'huile. Mais que vais-je
parler de M. Gérôme ! J'ai admiré dans les salles, cinquante ou
soixante Gérôme qui n'étaient point de Gérôme. Serons-nous jamais délivrés des copistes et des imitateurs ? Le seul vrai, l'unique
Gérôme du Salon de cette année porte le n° 1087 et représente
la *Piscine de Brousse*. C'est un tableau aussi correctement dessiné,
aussi soigneusement peint, aussi fini, aussi brillant, aussi minu-
tieux dans les détails, aussi froid dans son ensemble que les meil-
leures œuvres du maître. Je donnerais même tous les autres Gérôme du Salon pour celui-là. M. Gérôme a passé par l'école avant
d'entrer à l'Institut ; aussi dessine-t-il mieux, compose-t-il mieux
et peint-il mieux que ses plagiaires. C'est un peintre classique de
beaucoup de valeur égaré dans une photographie. N'attendez pas
que ses tableaux éveillent en vous des sensations profondes ou
nouvelles, qu'ils vous prennent par le cœur autant que par les yeux,
non certes ! Mais si vous êtes amateur de faïences, de pierres rares,
d'architecture délicatement ouvragée, si vous avez le goût de la sy-
métrie et de l'exactitude, vous pourrez admirer tout à votre aise
chez l'auteur du *Combat de coqs*, chez le peintre de *Phryné devant
l'Aréopage*, ces qualités très respectables : l'archéologie n'y trouve
rien à reprendre, la minéralogie en est satisfaite, l'ethnographie n'a
que des éloges à lui adresser. Des rayons, venus d'en haut, éclairent
dans cette piscine différents groupes de femmes très déshabillées
comme il convient à d'honnêtes personnes qui se disposent à entrer au bain, à en sortir, ou qui se plongent jusqu'à mi-corps dans
les eaux transparentes. Ces femmes nues sont très exactement

La Peinture au salon de 1885

peintes, mais leur nudité n'est pas respectable. Elle n'éveille pas en nous le souvenir des fières déesses que les artistes grecs ont enfantées, nues comme la vérité, pudiques comme elle, types impérissables de la beauté idéale et chaste.

Quel que soit le talent de M. Gérôme, l'école néo-classique n'est point faite pour former des maîtres aussi infidèles. Elle veut qu'on ne déserte jamais ce qu'elle appelle quelquefois à tort le « grand art ; » et les écrits de M. Boulanger contiennent sur ce point toute sa doctrine. Mais qu'entend-on par le grand art ? Un tableau de dimensions énormes peut appartenir au « genre ; » un petit tableau au grand art. Ce n'est pas parce qu'il est petit que le tableau de M. Gérôme n'est qu'une vignette admirablement coloriée ; c'est du grand art que la *Lady Macbeth* de Delacroix et l'on peut dire que la *Jeanne Grey* de Delaroche appartient à la peinture anecdotique. Le grand art consiste, si toutefois il n'échappe pas à la définition, en une conception absolument personnelle qui étonne ou qui charme par des qualités spéciales qu'on ne rencontre point ailleurs. Il comprend toutes les manières et il admet tous les procédés. Michel-Ange fait du grand art sur les murs de la chapelle Sixtine ; Rembrandt fait aussi du grand art quand il peint la *Ronde de nuit* ou *la Leçon d'anatomie* ; Véronèse quand il réunit dans un palais de marbre blanc les invités des *Noces de Cana*. Et pourquoi ? C'est que chacun de ces maîtres a interprété la nature d'une façon particulière : le premier a réalisé par la perfection de la forme, comme le second a exprimé par la lumière, comme le troisième a rendu par la couleur l'idéal qui était en lui ; tous trois ont imprégné leurs œuvres de ce je ne sais quoi qui est immortel.

Qu'on l'entende bien, nous ne prétendons pas ici mettre ces grands artistes sur le même rang et au même plan ; ce que nous voulons dire seulement, c'est que le grand art est multiple et que l'on arrive aux plus hautes expressions de la beauté par des chemins très divers. Le génie seul est impuissant à faire atteindre le but, il faut que la science le soutienne en route. Léonard de Vinci disait : « Nul ne doit connaître plus de choses que le peintre, » et, passé maître en architecture, en littérature, en sciences diverses, l'auteur de la *Joconde* se plaignait encore de son ignorance. Il voulait tout savoir, peut-être pour ne se souvenir de rien devant la nature et quand son imagination l'entraînait à des compositions magistrales. C'est que le grand art, s'il exige des connaissances profondes, demande en même temps que l'effort du savant ne se fasse nulle part sentir. Il lui faut la spontanéité, l'élan et je dirai presque une certaine quantité d'inconscience. Est-ce que Corneille ou Racine, Lamartine ou Musset pensent, quand ils écrivent, à la grammaire et aux règles de la prosodie ? Non, certes, car il semble que ce qu'ils disent ne peut être dit autrement. Et pour le dire ainsi cependant, avec cette précision et cette admirable propriété d'expression, il faut qu'ils aient été pénétrés de la grammaire et de la prosodie. En termes vulgaires, nul ne peut devenir maître s'il ne commence par être ouvrier ; mais le travail de l'ouvrier ne se laisse jamais voir dans l'œuvre du maître.

Aussi, qu'ils sont lourds et fatigants ces peintres qui n'ont pour eux que la science et qui vous forcent à reconnaître et à proclamer les talents qui vous ennuient ! Vous n'avez rien à reprendre aux proportions de leurs personnages, rien à reprocher à leur perspective, rien à redire à leur composition. Tout cela est correct, combiné avec sagesse, que dis-je ? Toutes les objections sont prévues comme toutes les critiques. C'est seulement le don de séduire et d'émouvoir qui leur manque. Ils présentent au public des œuvres irréprochables qui ont l'apparence de pensums. Nous n'oserions pas dire que ce soit le cas de l'illustre auteur de *l'Adoration des mages* et de *l'Adoration des bergers*. En lui accordant la médaille d'honneur, les artistes ont bien prouvé qu'ils n'étaient pas des révolutionnaires. Ce qu'ils demandent à leurs élus, ce qu'ils récompensent en eux, ce n'est pas la fougue ardente et infatigable qui s'efforce sans cesse de découvrir une formule neuve, un coloris raffiné et personnel, un jeu de lumière et d'ombre inattendu et saisissant ; non pas ! Ce qui les charme, c'est la correction réelle ou apparente, élégante ou conventionnelle de l'exécution. Tous les grands peintres, les maîtres les plus suaves de l'Italie, les peintres les plus énergiques de l'Espagne, Bernardino Luini, et Ribera, et Rubens avaient fait leur *Adoration des bergers* et leur *Adoration des mages* : il restait à M. Bouguereau à faire la sienne. Elle lui a valu la médaille d'honneur.

Il y a vingt ans que M. Cabanel a pour la première fois obtenu la médaille d'honneur. Comme M. Bouguereau, il a passé par l'école de Rome et il est une des plus hautes expressions de l'école néoclassique ; c'est un des grands peintres de portraits de ce temps. Il expose au Salon une *Fille de Jephté*. C'est là encore un de ces sujets où se complaît l'école néo-classique : sujet mélancolique, gracieux, légèrement poétique, fait pour attendrir les dames qui ont lu la Bible et qui connaissent le secret motif des douleurs de la Galaadite. La jeune fille qui, selon le texte biblique, devrait se trouver dans les montagnes, a choisi pour pleurer sa virginité le centre d'une immense plaine. Elle s'appuie sur une de ses compagnes, dont elle tient une main dans sa main. Une autre jeune Israélite, à demi couchée et à demi nue semble essayer de la consoler, et les deux vides laissés entre le groupe principal et les bords de la toile sont remplis par des femmes qui se lamentent à différons plans. La fille de Jephté qui n'a plus, il est vrai, aucune raison pour prendre des poses gracieuses, a choisi une attitude raide et gênée. Elle exprime sa douleur par un geste banal et nous sommes tentés de saluer cette jeune personne comme une très vieille connaissance. Que de fois nous l'avons vue sous différents noms et dans des attitudes différentes ! Le maître ne l'a pas renouvelée. Malgré tout son talent, il n'a point cette fois rencontré le beau ; malgré toute sa science, il n'a pas trouvé le vrai. Il est resté dans la convention. Rien de personnel ne se dégage de cette toile. On pardonnerait volontiers à la fille de Jephté de n'être pas la fille de Jephté si elle était au moins la fille de M. Cabanel : malheureusement elle est la fille de tout le monde. Aucun signe n'indique sa filiation particulière.

Est-ce bien aussi la fille de Scipion l'Africain que M. Boulanger a exposée sous ce titre : « Cornélie, mère des Gracches ? » M. Boulanger a peint une jeune femme quelconque. Enveloppée dans un péplum, elle descend un escalier de marbre blanc, appuyée sur deux enfants, dont l'aîné peut avoir quinze ans et dont le moins âgé est un bambin. Ce sont Tiberius et Caïus Gracchus que nous sommes invités à reconnaître dans ces deux jeunes gens. Caïus Gracchus est armé d'un fouet et d'une toupie. Tiberius se retourne vers sa mère et paraît inquiet de la façon dont elle descend son escalier. Tous deux seront tribuns du peuple, feront de grandes choses pour la liberté et mourront assassinés ! Qui le croirait ? Il faut s'arrêter devant cette toile : elle n'est pas du premier venu. Mous avons eu déjà l'occasion de dire que l'auteur est un peintre doublé d'un écrivain qui manie la plume avec autant d'autorité que le pinceau. Il a publié cette année les suprêmes leçons de l'école néo-classique et il convient de regarder sa peinture de près pour y rechercher les tendances d'une école qui ne veut pas mourir.

Nous ne sommes pas de ceux qui prétendent restreindre la liberté de personne et surtout celle du critique. Comme l'artiste, le critique a tous les droits, y compris celui de se tromper. Comme l'artiste, il travaille pour le public. C'est un fait passé dans les mœurs : après le Salon des peintres, on a le Salon des critiques. Après la pièce, le compte-rendu. A peine le rideau est-il baissé que le journaliste examine l'œuvre et la dissèque à loisir pour confier à la foule indiscrète les défauts et les qualités qu'il y trouve. M. Sarcey, M. J.-J. Weiss, sont des juges en matière de théâtre comme M. Paul Mantz est un juge en matière d'art. Personne n'a le droit de se plaindre, car le public est là pour juger les juges eux-mêmes. Aussi le critique peut-il indifféremment examiner les œuvres au point de vue de l'esthétique particulière qui résume ses aspirations ou ne faire choix d'aucune esthétique. Il peut être partisan de telle ou telle doctrine ou se passer de toute doctrine. Il regarde l'œuvre, donne son avis, le motive s'il se peut et expose son travail comme l'auteur dramatique sa pièce et le peintre son tableau. En bonne justice, on ne saurait attendre de lui davantage, pourvu qu'il ait la sagesse de se renfermer dans son rôle. Certains auteurs se retournent contre les critiques et leur demandent de faire leurs preuves : « Faites donc une pièce, puisque vous prétendez vous y connaître si bien ; faites donc un tableau meilleur que le mien, puisque le mien n'a pas su trouver grâce à vos yeux. » Le critique a le droit de répondre : « A chacun son métier. » Quant à nous, nous nous garderons de jamais demander à un peintre son avis sur les ouvrages de ses confrères ; son savoir-faire vous est un sûr garant d'une incompétence particulière et pour ainsi parler, professionnelle, et personne ne nous parait plus incapable que M. Josse de donner un avis sur les morceaux d'orfèvrerie qui ne sortent pas de sa maison.

Cornélie, mère des Gracches, était une femme très illustre, même de son vivant. Elle avait eu pour père Scipion l'Africain, et elle avait recueilli dignement le noble héritage de ses hautes vertus. Pour rester citoyenne de Rome, elle avait refusé la main d'un roi et Rome lui avait élevé une statue en bronze au bas de laquelle on lisait, comme sur le tableau de M. Boulanger, cette inscription : « A

Cornélie, mère des Gracches. » Il est invraisemblable que, sortant de son palais, la matrone romaine ait revêtu les apparences sous lesquelles se présenterait aujourd'hui la servante d'une famille patricienne de Naples ou de Florence allant promener les enfans de son maître sous les ombrages des Caséines ou sur les pentes du Viale-dei-Colli. Je vois bien que la femme que nous présente M. Boulanger ne porte aucun bijou, mais cette abstention historique ne me parait pas suffisante pour donner son véritable caractère à la mère dont l'artiste a voulu faire revivre le souvenir. Tout est bourgeois dans cette œuvre, tout est conventionnel, et, n'était le titre, on aurait pu croire à la fantaisie d'une famille qui aurait demandé au savant peintre le portrait de ses enfants en costumes romains, comme une autre famille demandait il y a quelques années à M. Comerre le portrait d'une jeune fille en costume japonais, comme le Salon de cette année nous montre une autre jeune fille du même peintre en poudre et en paniers au milieu d'une gamme savante et suave de bleus habilement combinés. Cette supposition nous paraissait d'autant plus vraisemblable que jusqu'ici l'histoire ne nous avait pas appris ce que M. Boulanger nous révèle, à savoir que Caïus Gracchus eût eu la jambe droite cassée dans son enfance. Cette jambe cassée, comme les grands yeux tristes et pensifs de l'enfant qui va jouer à la toupie, n'enlève rien au charme de ce tableau de genre : il est d'une vulgarité très agréable. Le peintre ne s'est inspiré ni de l'histoire, ni de la nature, mais il n'est pas une famille bourgeoise qui, passant au Salon devant l'œuvre du maître, ne se soit senti touchée en la contemplant. Nous soupçonnons fort M. Boulanger d'avoir composé son tableau avant d'avoir écrit sa brochure, et c'est, à lui-même, en même temps qu'à ses disciples, qu'il adresse, pour l'avenir sans doute, des conseils pleins d'autorité et peut-être aussi de repentir, quand il a écrit les paroles suivantes que nous nous permettons de livrer à ses méditations : « Soyez des savants, toujours et quand même, mais soyez avant tout des poètes ; soyez des enthousiastes, des fanatiques, des délicats, des raffinés, soyez des amans passionnés de la nature dans son expression la plus élevée et rejetez loin de vous cette nouvelle esthétique basée sur la -vulgarité. Elle n'est en raison de son principe même, proscrivant toute poésie, qu'une émanation de l'esprit bourgeois par excellence et la négation de tout art, puisque l'art c'est justement le choix dans l'expression de la pensée et de la forme. »

On ne saurait mieux dire et voilà qui est écrit de main de maître, comme Ingres qui aurait volontiers passé condamnation sur quelques-uns de ses tableaux, pourvu qu'on voulût bien reconnaître son talent sur le violon. M. Boulanger peut être satisfait. Oui, la médiocrité en art est insupportable. L'art ne vit que par le sublime. Accorder à tous les hommes le maximum d'instruction, le maximum de confort, est un but louable, humanitaire, démocratique ; leur inculquer à tous un sentiment raisonné de la beauté est une entreprise généreuse ; mais faire de tous les hommes, ou d'une grande catégorie d'hommes des exécutants en matière d'art ou de littérature : voilà un projet odieux. Cette révolution s'est produite cependant et, au grand détriment du génie, le niveau général s'est amélioré. Rien n'est devenu plus commun qu'un certain don de talent, rien ne s'est fait plus rare qu'une certaine quantité d'idéal dans les ouvrages de l'esprit. A la vérité, les œuvres tout à fait mauvaises sont de moins en moins nombreuses ; partout, et même au Salon, les œuvres tout à fait insignifiantes pullulent, les œuvres tout à fait remarquables font défaut, ou du moins elles n'éblouissent plus les yeux par la sensation lumineuse du sublime, il les faut longuement chercher, et, après une recherche minutieuse, il convient de se résigner à une douloureuse constatation. Nous ne vivons pas à une époque héroïque. Jamais l'art n'a eu autant de disciples que de nos jours, jamais il ne s'est formulé dans des manifestations plus diverses, devant un public plus nombreux dans des expositions plus fréquentes ; mais il semble qu'à s'étaler ainsi sous les yeux des masses plus ou moins profanes, l'art ait perdu quelque chose de cette fière chasteté, de ce mépris de la foule, de cet unique souci de la réalisation longuement caressée du beau qui produit les œuvres véritablement originales.

Comme les industriels, les artistes produisent trop, et produisent trop vite. Si l'on n'y prend garde, les formules chères à l'économie politique s'imposeront bientôt à la critique d'art elle-même, et sous peu elle serait amenée à reconnaître que la production en art est sur le point de dépasser la consommation. Un tel langage pourrait être considéré, à juste titre, comme le malheur de notre temps.

M. Boulanger expose encore au Salon de cette année un souvenir du vieil Alger, un *Porteur d'eau Juif*, très bien peint, véritable morceau classique selon la formule et qui a réuni tous les suffrages.

Rien de plus pénible pour nous que la critique, respectueuse cependant, des maîtres glorieux de notre école ; elle veut une explication. Le Salon de cette année contient, en effet, comme l'ont pu constater tous ceux qui l'ont fréquenté, une série d'ouvrages assez honorables, produits de ce talent moyen si fort de mise aujourd'hui ; une foule de jeunes gens ont présenté des peintures convenables. A l'encontre de ce qu'un auteur dramatique célèbre demandait, impatienté, à l'un de ses interprètes : « Un peu moins de génie, je vous prie, monsieur, et un peu plus de talent, » nous voudrions bien demander aux peintres un peu moins de talent et un peu plus de génie. Avec cette idée préconçue, nous aurions cru manquer de courage, de franchise, en un mot d'honnêteté, si nous nous étions attaqués aux ouvrages honorables des jeunes hommes qui se sont inspirés des qualités, mais aussi des défauts de leurs maîtres, et nous nous sommes crus plus respectueux des situations légitimement acquises en adressant aux maîtres eux-mêmes quelques critiques dont leur illustration leur permet de ne pas se sentir atteints. Leur gloire nous autorise d'ailleurs à être libres vis-à-vis d'eux. Des critiques de détails auraient certainement disparu devant les éloges si, au lieu de nous en prendre à M. Gérôme, à M. Cabanel, à M. Bouguereau, à M. Boulanger, à M. Bonnat, nous avions prétendu juger l'école néo-classique sur le tableau de M. Bramtot, par exemple, *le Départ de Tobie*, où nous trouvons réalisées les espérances qu'avait données ce jeune peintre dès avant son départ pour Rome, à tous ceux qui croient encore, comme nous, que, si les voyages forment la jeunesse, ils forment surtout les artistes.

Non certes, rien ne saurait être pins profitable aux jeunes gens que la fréquentation des chefs-d'œuvre incomparables renfermés dans la ville éternelle, que la vie laborieuse sous le ciel profond de l'Italie, que les promenades recueillies le long de la voie Appienne, que l'étude passionnée de la campagne de Rome, que l'air libre respiré dans les jardins du Pincio, que les grandes pensées éveillées fatalement dans l'âme des artistes par la contemplation solitaire des restes du Forum, des ruines du palais des Césars, de ce géant qui s'appelle le Colisée et de ces musées qui sont le Capitole et le Vatican. Les artistes qui ont vécu pendant quelques années dans l'intimité d'un pareil spectacle en ont tous emporté, quand ils méritaient cette fortune, comme un reflet de grandeur qui les suit à travers leur œuvre, qui les défend dans leurs erreurs et qui les protège jusque dans leurs défaillances. Mais il ne suffit pas d'avoir voyagé, d'avoir visité l'Italie, d'avoir parcouru l'Espagne, d'avoir fait à Séville, à Florence, à Venise, à Madrid de pieux pèlerinages, il faut ne pas avoir emporté les conventions de l'école à la semelle de ses souliers comme le sol de la patrie, et après avoir fait le tour du monde, il convient de ne pas rentrer à Paris comme si on n'avait jamais quitté l'atelier de M. Picot.

On nous avait annoncé que M. Bonnat préparait pour le Salon de 1885 un *Martyre de saint Denis*, et, pour le mieux apprécier, nous nous étions replongés d'avance dans la *Fleur des Saints* ; nous avions relu, ému et attentif, la légende de Denis, apôtre des Gaules, qui fut le premier évoque de Paris ; nous nous étions rendu à Notre-Dame et nous avions examiné curieusement la statue naïve, fidèle à la légende populaire, qui représente le saint portant sa tête : nous l'avions voulu comparer avec celle de Saint-Germain-l'Auxerrois et nous ne nous étions senti suffisamment armé, pour l'examen du tableau de M. Bonnat, qu'après un pèlerinage à la cathédrale à laquelle le saint a donné son nom, et qui a servi de tombeau à la victime des persécutions de Valérien. Cet examen terminé, nous étions persuadé que l'étude consciencieuse des premiers siècles de l'ère chrétienne devait fournir à un artiste de la valeur de M. Bonnat un sujet original et saisissant. Rustique et Éleuthère, les compagnons du saint, avaient en même temps que lui subi le martyre. L'empereur Valérien, grand ordonnateur de persécutions contre les chrétiens, avait présidé au supplice. Le lieu du supplice lui-même était incertain ; mais l'artiste pouvait choisir à son gré le mont des Martyrs, Montmartre, ou la ville même de Saint-Denis, entre lesquels hésitent les commentateurs et les historiens. Il y pouvait étaler la pompe et la pourpre romaines, nous montrer l'armée impériale avide du spectacle et opposer à la cruauté de la soldatesque déchaînée la résignation courageuse des martyrs, comme à ses costumes éclatants la simplicité évangélique des premiers apôtres de la parole chrétienne.

Nous ne nous sommes pas aperçu que M. Bonnat ait songé à une interprétation de ce genre, et notre critique s'arrête devant son œuvre comme devant une énigme dont il ne nous a pas été donné de surprendre le secret. Il y a eu évidemment chez l'artiste un parti-pris. C'est par des hachures et par une peinture rudimentaire qu'il a sans doute entendu rendre la simplicité des premiers âges. C'est un art nouveau pour l'examen duquel nous nous déclarons incompétent. Heureusement pour M. Bonnat, il use d'autres procédés quand il veut exécuter un portrait ; c'est ce qui explique sa vogue et c'est ce qui la justifie.

On voit par là que l'école néo-classique, ou soi-disant telle, compte encore bon nombre d'adeptes dont nous n'avons voulu citer que les plus célèbres ou les plus actifs. Elle se prolonge encore dans l'histoire proprement dite, car on sait qu'au point de vue pictural, au moins, l'histoire ne commence qu'à l'invasion des barbares et à M. Luminais, qui expose au Salon la *Mise au tombeau du roi Chilpéric Ier*. Le roi est représenté vêtu de son costume de chasse ; l'évêque de Paris, qui le soutient dans ses bras, a tous les ornements sacerdotaux. Pour le coup, on le voit, c'est bien de l'histoire. David a eu beau faire ; il a eu beau peindre *l'Enlèvement des Sabines* et *les Thermopyles*, il n'est pas devenu pour cela un peintre d'histoire, il est resté un peintre classique. C'est seulement quand il ébauche le *Serment du jeu de paume* qu'on lui accorde le titre de peintre d'histoire. Cela tient sans doute à ce que, dans le tableau, ses personnages devaient être habillés. L'histoire comporte le vêtement, et c'est à cela qu'on la reconnaît.

Notre premier peintre d'histoire, par ordre chronologique, au point de vue des sujets traités, est bien M. Luminais. Il a fait sa propriété de la première race, et rien de ce qui est mérovingien ne lui est étranger. Tout un musée gallo-romain passe, pièce par pièce, sur ses toiles : casques, cuirasses, framées, tiares et boucliers. Sa collection est-elle authentique ? Peu importe. Ce n'est point l'exactitude que l'on demande à l'historien ou, si vous le voulez, à la peinture historique : il suffit qu'elle nous émeuve et nous donne par à-peu-près la sensation des temps passés.

Qui dit peinture historique dit à la fois peinture sévère et peinture dramatique. Le moyen âge ne nous apparaît jamais sous des couleurs gaies. Mais il ne suffit pas non plus d'introduire un cadavre dans une composition pour que cette composition devienne dramatique et sévère. L'évêque de M. Luminais emporte Chilpéric comme un paquet. On ne dirait pas que le roi vient d'être assassiné ; le geste vulgaire de son bras, sa tête mollement penchée à droite, sa grosse figure encore joviale malgré sa pâleur feraient plutôt penser qu'il sort en fâcheux état d'un cabaret où l'on boit de mauvais vin. Il n'est pas mort, il est malade. Ses amis ne le transportent pas au cimetière, ils vont le coucher. Nous ne retrouvons pas dans l'œuvre de M. Luminais les accents émouvants et simples qui font le charme des *Récits mérovingiens* d'Augustin Thierry, dont l'artiste s'est évidemment inspiré. Quand, dans un tableau de cette nature, la curiosité est plus éveillée par l'archéologie que par le drame, par la forme bizarre des costumes que par le sentiment, on peut dire que l'œuvre n'a répondu ni aux efforts de l'artiste, ni à l'attente du public.

M. Rochegrosse s'est mieux inspiré des auteurs. Il a envoyé au Salon de cette année un grand tableau intitulé *la Jacquerie*. A côté du titre, nous trouvons au catalogue un passage de Michelet qui a inspiré le jeune artiste. « Ils avaient beau se réfugier sous la terre, la faim les y atteignait. Dans la Brie et le Beauvoisis surtout, il n'y avait plus de ressources, tout était gâté, détruit. Il ne restait plus rien que dans les châteaux. Le paysan, enragé de faim et de misère força les châteaux, égorgea les nobles. Les Jacques payèrent à leurs seigneurs un arriéré de plusieurs siècles ; ce fut une vengeance de désespérés, de damnés. Dieu semblait avoir complètement délaissé ce monde. Ils n'égorgeaient pas seulement leurs seigneurs, mais tâchaient d'exterminer les familles, tuant les jeunes héritiers, tuant l'honneur. » Le peintre s'est attaché à commenter exactement le poème de l'historien et à dire sur une toile immense un des épisodes de ce drame terrible et rapide qui s'appela la jacquerie.

Le tableau représente une vaste salle d'un château moyen âge dans laquelle les femmes et les enfants se sont réfugiés. Le châtelain a péri sans doute en essayant de défendre les siens ; l'épouvante tient couchés dans un coin de la salle la châtelaine et ses enfans blêmes de peur. Au premier plan et devant ce groupe est étendue une chaste jeune femme, la sœur ou la fille aînée du seigneur, élégante et vigoureuse comme les femmes de ce temps. Sans doute elle avait longtemps rêvé au fiancé vainqueur d'un tournoi, qu'elle aurait distingué dans la foule de ses admirateurs, et le désespoir des rêves évanouis, l'affreux effroi de la pudeur qui se révolte devant les monstres qu'elle entrevoit, la prosternent et la rivent au sol bien plus que la terreur de la mort. Debout et en avant, l'aïeule se dresse, prête à faire face aux envahisseurs et à défendre sa progéniture dans la folie du désespoir, seule et sans, armes contre la troupe hurlante et féroce. Ce groupe tout entier n'occupe qu'un coin de la vaste composition ; devant lui s'étendent les carreaux symétriques d'un pavage multicolore, uni, luisant, bien lavé, indifférent à la scène, joyeusement éclairé par le soleil. Des jouets d'enfants ont été, dans la fuite, abandonnés sur ces carreaux qui représentent tout ce qui reste dans cet intérieur de l'élégance tranquille de la veille. Ces carreaux s'étendent, pour le plaisir des yeux, jusqu'aux fenêtres, qui se brisent sous l'effort des assiégeants, et derrière les fenêtres, on aperçoit hideux, enragés, affamés, les Jacques ! C'est un tableau !

Comme dans l'*Andromaque* du même artiste, nous trouvons ici de véritables qualités de peintre, une entente de la composition, une puissance dans la conception, qui autorisent les plus sérieuses espérances ; aussi ne nous attarderons-nous pas à examiner la longueur de la jambe de tel personnage, qui pourrait bien, du genou à la cheville, mesurer plus d'un mètre et ne demanderons-nous pas à l'artiste si, pour obtenir un effet plus puissant, il n'a pas outre mesure écarté les deux groupes qui constituent le drame, pas plus que nous ne lui avons reproché autrefois d'avoir, dans *Andromaque*, traité un sujet grec et peint des sauvages. Ce sont là querelles de détails contre lesquelles le jeune peintre est défendu par ses remarquables qualités. La seule critique que nous voudrions faire cette fois est d'une tout autre portée et se rattache à l'étude rapide que nous avons essayé d'esquisser sur la situation de noire école.

Malgré quelques inexactitudes archéologiques, M. Rochegrosse, il y a deux ans, avait peint un tableau d'histoire dans lequel, à travers toutes les exubérances de la fougue, il n'était possible de découvrir rien de poncif, rien d'anecdotique. Nous demandons à M. Rochegrosse de rester fidèle à ses débuts et de se laisser guider, en conservant la manœuvre savante et hardie de son pinceau, par l'histoire sans condescendre jamais à prêter l'oreille aux faits divers. Que les jeunes hommes y prennent garde, il y a une place à prendre dans l'école classique : rester classique, mais ne pas demeurer étranger au mouvement moderne et se donner pour mission de le diriger.

Un souffle puissant s'est élevé qui ne doit pas emporter l'école, mais auquel l'école ne peut être indifférente : l'art français est en train de se renouveler profondément. Les maîtres qui ne sont plus en état de prendre part à la réforme en commençant par celle de leurs œuvres s'y associent dans leurs écrits et lui font une place dans leur enseignement. Ce n'est pas en vain que Delacroix mort a été vengé des dénis de justice sous lesquels on avait essayé d'accabler Delacroix vivant. La solidarité secrète qui relie entre elles toutes les manifestations de l'art a fait depuis un certain nombre d'années réfléchir ceux qui avaient sifflé Victor Hugo, hué Gautier, méprisé Sainte-Beuve, refusé le talent à Balzac.

Mais revenons à la peinture d'histoire. Certains peintres ont cherché à agrandir son vaste domaine et à faire, à l'exemple de Glaize, de la peinture philosophique. Ç'a été l'ambition sans doute de M. Fritel, qui laisse échapper en foule du sol de la patrie les ombres de ses défenseurs, nos ancêtres. Montée sur des chevaux géants, leur troupe traverse formidablement la toile au-dessus d'un paysage marron, animé seulement par la présence d'une charrue. Ce tableau est triste : l'idée du peintre, qui veut, au souvenir des héros passés, éveiller dans le cœur des générations futures des sentiments héroïques, ne se dégage pas suffisamment. Cependant, telle est la force d'une idée, qu'il est impossible de passer devant l'œuvre de M. Fritel sans en être impressionné. C'est de la littérature, non de la peinture, que relevait l'expression de la pensée caressée par l'auteur ; mais on se sent disposé à oublier les imperfections du dessinateur, les erreurs du peintre, l'uniformité de cette cavalcade de soldats, la sécheresse cherchée peut-être, mais obtenue à coup sûr, de ce tableau trop grand, pour applaudir, somme toute, à la vaillance de l'effort et à la nouveauté de la conception.

Il ne faut pas confondre la peinture d'histoire avec la peinture officielle, et en réalité il faudrait trouver un mot nouveau pour parler de toutes ces peintures destinées à décorer les salles de nos mairies, et, qu'en raison de cette destination sans doute, leurs auteurs appellent un peu prétentieusement des peintures décoratives. Le Salon de cette année en contient un grand nombre qui ne nous ont pas satisfait, sans doute parce qu'elles n'étaient pas à leur place. Ces panneaux, destinés à des pans coupés, ne sont pas des tableaux, et rien n'est plus laid à voir, au milieu de l'ordonnance générale des toiles carrées, que ces fausses portes de sortie ménagées dans l'œuvre de l'artiste : désolantes, si elles sont seulement indiquées dans leur rigide nudité ; désastreuses et tuant tout autour d'elles, si l'artiste s'est avisé de les rendre, rehaussées de blanc et d'or, comme il convient pour des portes officielles. Si un règlement futur ne met bon ordre à cette invasion, les salles du palais de l'Industrie ne seront plus assez grandes pour qu'on y puisse admirer dans la simplicité de leurs formes toutes les portes des mairies de France.

Nous aurions voulu chez les auteurs de ces ouvrages un peu plus de coquetterie, et personne ne leur aurait su mauvais gré de résumer sur une toile plus modeste l'idée ingénieuse ou tendre qui leur avait valu d'être choisis dans le concours. Combien n'y aurait pas gagné le tableau, plein d'intentions charmantes, de M. Humbert ! M. Beaudoin, M. Chartran, ne pouvaient-ils pas, eux aussi, tirer parti de cette transformation en faveur de leurs *Fiançailles* ?

Comme eux, M. Besnard avait concouru pour la décoration d'une mairie. En exposant au Salon son tableau *Paris*, l'artiste fait appel devant le grand public de la décision du jury qui ne lui a pas accordé le prix. Cet appel est courageux, mais il ne désarme pas la critique. Si M. Besnard a voulu prouver seulement qu'il est un coloriste possédant à un très haut degré un sentiment personnel de l'art, il a parfaitement réussi ; il se dégage de son œuvre l'impression très nette que l'on n'est pas en présence de quelque chose d'ordinaire ; elle retient ceux-là même qu'elle exaspère par un je ne sais quoi de particulier qui n'est pas du premier venu ; elle a toutes les imperfections, mais aussi toutes les secrètes séductions d'une ébauche. Ceci dit, comment fermer les yeux aux incorrections définitives de l'œuvre ? Aucun travail pourra-t-il jamais donner la beauté à ces groupes d'enfants, épais, lourds, jaunâtres, confus, mal construits, qui ont la prétention de représenter des anges, personnages inconsistants s'il en fut et qui doivent être enveloppés de toutes les grâces de l'idéal ? Leur vulgarité surprend tout d'abord le regard, elle le captive et le retient, et on se demande quel crime ils ont commis avant de s'envoler légers et libres à travers les espaces éthérés pour conserver jusqu'après la mort une laideur aussi exceptionnelle. Mais ces anges ne sont dans le tableau qu'un hors-d'œuvre, ils pourraient être enlevés sans inconvénient. Ce que l'artiste a voulu montrer, c'est Paris éclairé par quelque grande fête

populaire. Le long des quais s'allongent des illuminations multico-
lores. Tant de lanternes sont allumées, tant de feux brillent dans les
ténèbres, tant d'éblouissantes clartés sortent des maisons et des édi-
fices étages au-dessus de la rive, qu'on croirait entrevoir les lueurs
d'un incendie plutôt que les rayonnements d'une fête. Pendant ce
temps, sur le fleuve, une grande barque s'avance. Faut-il remarquer
que la barque choisie est une toue, bateau ordinairement affecté
par le service municipal au transport des ordures ménagères ? —
Cette toue porte des figures allégoriques : l'une d'elles est debout,
magnifiquement éclairée par les reflets lumineux d'en haut ; l'autre,
assise, est dans l'ombre, puissante et calme, à l'arrière du bateau.
Toutes deux sont inachevées, leur signification est mystérieuse, et
l'artiste ne semble pas avoir assez compris que toutes les imperfections de son tableau pouvaient lui être pardonnées si une idée
appréciable s'était dégagée de ces figures, dont le seul charme est de
ne pas être terminées.

Ce malheur est irréparable, car M. Besnard s'est lui-même enlevé
le droit de faire accepter ces figures sommairement dessinées pour
un idéal particulier et pour un parti-pris exceptionnel d'art décoratif. Il expose en effet au Salon un portrait de jeune femme que
tout l'invitait à terminer et qu'il a laissé à l'état d'ébauche. L'ébauche
est d'ailleurs assez à la mode et M. Besnard suit un courant. Il est
un de ceux qui, de près ou de loin, se rattachent ou plutôt croient
se rattacher à la manière de M. Puvis de Chavannes ; M. Humbert s'y rattache aussi et ce n'est pas un des moindres malheurs du
grand maître que d'avoir fourvoyé tant d'honnêtes gens. M. Puvis
de Chavannes, en effet, n'appartient ni à l'école néo-classique, ni à
l'école historique. Il a fondé une école à part qui ne ressemble point
à celles que nous avons passées en revue. Son grand malheur a
été d'avoir trop de disciples. Nous aurions rêvé pour lui une petite
école où il eût été seul, professeur et élève à la fois.

Quand on regarde les œuvres de M. Puvis de Chavannes, on
regrette amèrement ou qu'il ne veuille pas ou qu'il ne sache pas
serrer son dessin. Il néglige les extrémités comme si elles étaient
superflues, les visages aussi parfois ; il aime le vague et l'indécis ;
la précision ne compte pas dans son esthétique. Bon gré mal gré,
il faut que l'imagination du spectateur complète le tableau et en
révise tous les détails. Aussi le maître est-il incompréhensible pour

la masse. Son talent se réfugie dans l'abstraction. Les personnages qu'il met au jour et qui n'ont guère plus de consistance que les ombres saluées par Ulysse aux enfers, possèdent tout juste la réalité de bonnes intentions. Leur grandeur échappe au vulgaire et ceux-là seulement qui ont la compréhension du grand art peuvent pénétrer leurs secrets.

Malgré tout cela, M. Puvis de Chavannes reste et restera un artiste de premier ordre, auquel sa personnalité, sa façon particulière d'interpréter la nature, assigneront toujours une place spéciale et très haute parmi les artistes contemporains. S'il n'a pas toujours le dessin correct, il a plus qu'aucun autre le sentiment du dessin, la science de la composition et de l'harmonie, la naïveté du rendu, la grâce naturelle et simple. Les maîtres d'autrefois ne se seraient point contentés de ses ébauches, il est vrai, mais ils auraient admiré comme nous la grandeur qu'il donne à ses figures, la vérité de leurs gestes, l'ampleur de ses conceptions. Ils lui auraient serré la main comme à un de leurs parents, du troisième ou du quatrième degré. C'est que, sans arriver à leur perfection, il a compris l'art comme les maîtres le comprenaient autrefois. Il n'a cherché ni les approbations de la foule, ni les battements de mains de la critique. Il a poursuivi son but avec obstination, sans se soucier de ceux qui le raillaient, de ceux qui le niaient, de ceux qui le chicanaient pour des vétilles. La couleur et le dessin ne lui sont point apparus comme le but à atteindre, mais seulement comme le moyen d'exprimer sa pensée, ou, si l'on veut, de faire naître chez le spectateur les sentiments ou les sensations qu'il éprouvait lui-même. De là des incorrections qui étonnent, des anomalies qui choquent. Mais ces anomalies et ces incorrections sont souvent la marque, le signe éclatant de la supériorité.

Dessinateur correct, grand dessinateur, sont deux choses souvent bien différentes et, j'oserais dire, bien opposées. Rien n'est plus correct que le dessin de Picot ou même de Delaroche. Les jambes, les bras, les corps, les mains sont entre eux toujours d'une proportion irréprochable. Raphaël et Michel-Ange ont souvent et volontairement dessiné avec l'incorrection la plus effrénée. C'est tout simple : les premiers ne visaient qu'à nous montrer spirituellement ou dramatiquement des épisodes de l'histoire ; les seconds cherchaient à éveiller en nous des émotions profondes ou à nous enivrer d'idéal.

Quand Michel-Ange peint *le Jugement dernier*, il entasse dans une formidable dégringolade des êtres hors nature, qui se tordent dans des contorsions impossibles, épouvantés par la droite du Christ levée sur eux. Il mêle les géants et les nains, et dans ce tourbillon qui monte de la terre ou qui descend du ciel, dans ces évadés du tombeau que les vers rongent encore aussi bien que dans ces maudits que les serpents mangent aux entrailles, vous ne trouverez peut-être pas un être capable de vivre de la vie ordinaire. Qu'importe ? le génie du peintre a créé une humanité qui épouvante la nôtre et c'est pour cela que ce génie est immortel. Quand Raphaël peint les Chambres ou les Loges, le voyez-vous uniquement préoccupé de correction ? Non certes ! La science elle-même l'aide à oublier la science. Il ne se souvient que de la pensée qui l'entraîne. Il commettra, lui aussi, le maître impeccable entre tous, de ces incorrections heureuses qui, en accentuant un mouvement, expriment un sentiment ou une idée.

C'est Raphaël lui-même qui, comme on le sait, a généreusement donné six doigts à un personnage des Loges. Et si nous descendions plus près de nous, nous trouverions Ingres, qui, dans sa plus belle œuvre, *Saint Symphorien*, a placé au dernier plan sur un rempart, un personnage aussi grand que les personnages du premier. A-t-il eu tort ? Non. Il aurait eu tort de faire le contraire. La vérité et l'exactitude auraient tué son tableau. C'est en violant l'exactitude et la vérité qu'il a rendu son tableau impérissable. Souvent on lui a reproché sa faute, mais il avait coutume de répondre : « Quand une mère veut sauver son enfant, elle n'a jamais les bras trop longs. » Ne chicanons donc point M. Puvis de Chavannes. S'il n'avait pour tout bagage que des incorrections et des fautes de dessin, nous ne songerions même pas à lui. Mais il rachète ses défauts par des qualités de plus en plus rares aujourd'hui. S'il a beaucoup péché, il a aussi beaucoup aimé et beaucoup exprimé.

Dans les groupes de peintres qui se multiplient à l'infini et auxquels nous donnons le nom d'écoles, faute de trouver une autre expression, après l'école néo-classique, l'école historique et l'école décorative, nous découvrons un groupe qu'on pourrait appeler à la rigueur l'école fantaisiste et qui est représenté par plusieurs toiles agréables dont l'une est gigantesque : *les Maures en Espagne après la victoire* : Clairin fecit.

L'école orientale est brillamment mise en relief par un *Étranglement de femmes coupables*, dû au pinceau de M. Benjamin Constant. Les cadavres ont été jetés les uns sur les autres au milieu d'un harem à peine éclairé. La lumière, sagement mesurée, glisse sur les corps nus et se joue dans les cheveux dénoués des femmes en allumant des étincelles au casque d'un garde nègre. Le titre du tableau et une large tache de sang qui va s'amincissant jusqu'au bord d'un bassin circulaire, dont elle rougit les eaux, nous indiquent qu'il s'agit d'un carnage. Au premier abord, on pouvait croire à une sieste ; il faut un examen approfondi pour découvrir au cou des femmes le lacet fatal qui a vengé l'honneur du maître. Les pécheresses sont au nombre de huit ou dix, ce qui témoigne que leur unique mari a été terriblement offensé. Les adultères paraissent s'être effroyablement accumulés sur sa tête, et cette réflexion, qui, malgré qu'on en ait, amène un léger sourire sur les lèvres, gâte un peu cette belle toile, à la fois éclatante et sombre.

Le véritable maître de l'école orientale est M. Guillaumet. Cet artiste excellent nous parait avoir réalisé dans le genre qu'il affectionne l'union fraternelle et féconde de la science traditionnelle et classique avec les tendances modernes : la distribution savante de la lumière, les oppositions ingénieuses de la couleur, éclatent dans ses œuvres ; à côté de l'étude consciencieuse, exacte, précise du corps humain, il a la science de la perspective, la passion laborieuse de la vérité. ; il appartient aux classiques par son savoir, par la sûreté et la simplicité de l'exécution, à l'école nouvelle par l'originalité heureuse du coloris, par la recherche subtile de la lumière.

M. Guillaumet nous conduit enfin à l'examen de cette école nouvelle, école ardente, emportée, prompte à la lutte, qui prétend nier l'école néo-classique et qui s'attaque violemment à toutes ses traditions artistiques. Cette école consent à ne pas renier les maîtres passés ; mais elle prétend qu'on les copie plus ou moins, tandis qu'on devrait se préoccuper de les imiter. La différence est importante : Les maîtres, disent les adeptes de cette nouvelle école, ne cherchaient pas, même dans leurs tableaux religieux, à faire revivre une antiquité sur laquelle ils avaient peu de lumières ; mais ils s'attachaient à peindre ce qu'ils avaient sous les yeux : les costumes, les hommes et les paysages de leur temps. Raphaël s'était bien un peu servi de la draperie romaine ou grecque, mais les autres s'en étaient tous peu souciés. Véronèse n'a-t-il pas toujours entouré Jésus-Christ de personnages de son siècle ! N'a-t-il pas placé son frère parmi les invités des *Noces de Cana* ? Ne s'y est-il pas placé lui-même ? Ainsi de Velasquez, de Titien, de tant d'autres ! Leurs œuvres, continuent-ils, aujourd'hui vieillies par trois, quatre ou cinq cents ans de froid, d'humidité ou de chaleur, défigurées peut-être par des décompositions chimiques, nous apparaissent sombres, quelquefois noircies ou embrunies. Qui nous prouve qu'elles ont été peintes de la sorte ? Qui nous prouve que leurs auteurs n'avaient point essayé de répandre sur elles la gaîté des tons clairs et les éblouissements du soleil ? » Pourquoi s'efforcer dès lors de s'inspirer de couches successives de vernis pour donner à des œuvres modernes l'aspect qu'elles devraient avoir dans plusieurs siècles ? Et si nous nous trompons, ce qui est possible, disent-ils pour conclure, si les maîtres d'autrefois se sont tenus volontairement dans des gammes sombres, pourquoi nous tiendrions-nous à notre tour dans les mêmes gammes ? Les maîtres ne copiaient aucun de leurs devanciers, et par là ils nous ont enseigné à ne copier personne. Cherchons donc à nous rapprocher de la nature et abandonnons les principes. Nous trouverons au moins la nouveauté si la beauté éternelle nous échappe.

Ce programme développé et suffisamment répandu ne manqua pas de rencontrer des adhérons. Il ralliait des adeptes nombreux autant parmi ceux qui trouvaient trop pénible le dur et salutaire apprentissage de l'éducation classique, que parmi ceux qui voulaient faire du bruit, que parmi ceux enfin qui cherchaient sincèrement une voie nouvelle. Une sorte d'école se forma ainsi, qui d'abord fut mal vue du jury, qui finit cependant par pénétrer au Salon et par obtenir des récompenses. L'un de ses chefs reçut même la croix de la Légion d'honneur, ce qui fit grand bruit alors : il semblait que le gouvernement voulût récompenser un révolté.

Il faut l'avouer cependant, cette école eut sur la peinture française une influence quelquefois heureuse ; elle introduisit pour ainsi dire de force la lumière sur bien des palettes qui seraient sans elle restées sombres ; elle obligea l'œil du peintre à plus d'attention et d'étude. Mais que de désastres d'autre part ! On devint réaliste, naturaliste, impressionniste, *tachiste* ! C'est-à-dire qu'on supprimait le dessin sous prétexte qu'il nuisait à l'impression et qu'il risquait de gâter « la tache ; » on supprimait la couleur parce qu'elle s'éloignait trop souvent de la vérité. On descendit jusqu'à la négation de la science ; on en vint à encourager les nullités ; les barbouilleurs les plus infâmes trouvèrent une coterie toute prête à encenser leurs productions, à les absoudre, à les glorifier d'un mot : « Certes, disait-on, cela n'est ni fait ni à faire, — mais comme c'est *moderne* ! » L'ignorance impudente prit des attitudes inspirées, mit ses espérances dans le hasard et trouva pour défendre les productions dans lesquelles il s'installait en maître un jargon nouveau, pédantesque et ridicule !

Tant de folies ne devaient pas empêcher les artistes attentifs de faire leur profit de cette part de vérité que contiennent toutes les doctrines et que contenait aussi la doctrine nouvelle. Leur patiente recherche marque un progrès véritable dans l'art contemporain et donnera une place dans son histoire au novateur qui, à travers des erreurs sans nombre, se fit le champion obstiné de cette déesse mystérieuse universellement acceptée aujourd'hui et qui s'appelle : « la lumière. »

C'est un hymne en l'honneur de la lumière que le tableau de M. Lerolle : *A l'Orgue*. A l'encontre de la plupart des titres que l'imagination des artistes leur inspire pour dérouter sans doute les lecteurs consciencieux des catalogues, le titre de M. Lerolle est bien choisi ; il dit ce que l'artiste a voulu peindre ; il est, dans sa brièveté, le commentaire très net du tableau. L'orgue et les musiciens qui l'entourent occupent, il est vrai, dans cette toile de dimensions exceptionnelles une place restreinte, mais le reste de la composition n'est que le complément du groupe qui, à la gauche du tableau, est réuni autour de l'orgue. Un peu en avant de ce groupe, une jeune fille chante isolée ; elle est debout, gracieuse, devant la balustrade, et sa voix, que, par un tour de force d'exécution heureuse, on croit voir sortir de ses lèvres entr'ouvertes, remplit la vaste nef de l'église et s'élève inspirée dans la solitude religieuse et recueillie. Une lumière harmonieuse répand sur l'œuvre entière la mélodie suave des tons clairs. Tout entiers à la musique, les artistes de M. Lerolle oublient le monde, ils n'ont pour l'horizon que l'architecture blanche de la nef, ils ignorent la foule, que l'artiste leur a soigneusement cachée. Il y a dans ce tableau une expression d'apaisement et de calme qui repose l'esprit ; on croit goûter en le voyant la fraîcheur tranquille d'un milieu paisible. On se sent pris d'un goût invincible pour la solitude laborieuse et on revoit l'inscription placée par un moine italien sur la porte de sa cellule : *O beata solitudo !* *O sola beatitudo* !

L'ignorance des rivalités, la tranquillité de l'esthétique désintéressée, la solitude, en un mot, nous l'avons cherchée pour nous livrer à cette critique rapide à laquelle on pourra reprocher, comme à certains tableaux du Salon, de n'être qu'une ébauche, mais une ébauche sans parti-pris. Nous ne parlerons pas de plus d'une œuvre que nous aurions voulu avoir le loisir d'examiner longuement, mais que nous nous promettons bien de retrouver dans les expositions futures et restreintes, où se mesurera le véritable niveau de l'art français. Ne sommes-nous pas certain d'y rencontrer le lumineux tableau de M. Lhermitte, le Vin ; la composition si intéressante à tant de titres de M. Agache, *Fortuna* ; *le Printemps sacré*, de M. Lucas ; *la Fonderie*, de M. Gueldry ; *l'Étude* claire, pittoresque, un peu sommaire, mais vigoureusement enlevée de M. Roll ; le panneau décoratif de M. Lagarde, le tableau plein de qualités rares de M. Berteaux ; les deux ouvrages si contradictoires, si personnels et si attrayants de M. Dagnan-Bouveret ?

Nous avons hâte de terminer et, s'il se peut, de conclure, car notre but n'a pas été de dresser en quelque sorte l'inventaire du Salon et de décrire le plus grand nombre d'œuvres possible ; nous nous sommes arrêté devant quelques-unes seulement plus significatives au point de vue de l'étude que nous avions l'ambition d'esquisser sur l'état moral de la peinture au Salon de 1885. Si deux laits pouvaient se dégager pour le lecteur de l'examen auquel nous l'avons convié, nous serions pleinement satisfaits.

Le premier, c'est que l'école proprement dite, l'école officielle, serait condamnée si elle n'était dès maintenant résignée, en conservant toutes ses traditions glorieuses, à s'infuser un sang nouveau et à faire une place à l'esprit moderne. Le second, c'est que les adhérents épars de l'école moderne, de l'école claire, s'ils veulent grouper autour d'eux les jeunes gens, s'ils se refusent à périr par l'individualisme, ne sauraient se passer d'une direction et de ces fortes études qui n'ont jamais entravé la libre expression des dons naturels. Nous avons essayé d'ailleurs de noter au passage, entre les deux écoles de peintres, les signes précurseurs d'un rapprochement nécessaire, inévitable, prochain même et que l'école de sculpture a depuis longtemps réalisé. Peut-être le lecteur indulgent nous rendra-t-il cette justice que nous n'avons pas péché par un optimisme exagéré et que nous ne nous sommes pas érigé en adulateur du temps présent, en admirateur systématique de nos peintres et de leurs œuvres. Aux remarques douloureuses que nous avons dû faire il faut cependant en ajouter une autre. Comment hésiter à reconnaître que plus d'une fois, au Salon, le visiteur qui s'est senti attiré par un tableau personnel, original, par une note d'art nouvelle et inattendue s'est trouvé, vérification faite, en présence de l'œuvre d'un étranger ? C'est M. Normann, le peintre norvégien, qui nous captive avec un tableau Scandinave dans lequel, au pied de montagnes rugueuses, s'étale un lac transparent comme le lac miroir et que le catalogue appelle *Sognefjord*. C'est M. Otto Sinding, autre peintre norvégien, dédiant un poème lumineux à des Lapons saluant après une longue nuit d'hiver le retour du soleil. C'est M. Uhde qui expose un tableau d'un sentiment si profond, si naïf, si délicat : *Laissez venir à moi les petits enfants* ! C'est M. Bergh (de Stockholm) qui nous conduit en Suède à la tombée du soir. C'est M. Friese, peintre allemand, qui a envoyé à Paris une toile de connaisseur intitulée : *Brigands du soir*, deux lions guettant leur proie. C'est encore, pour ne pas prolonger ces citations, un peintre d'histoire, M. Casanova y Estorach, qui a peint *les Derniers Momens de Philippe II dans le palais de l'Escurial*. L'auteur appartient à cette école espagnole contemporaine dans laquelle la peinture d'histoire est en honneur, qui compte parmi ses chefs M. Pradilla, le peintre de *Jeanne la Folle*, et où se rencontrent un grand nombre de peintres consciencieux, trop dramatiques peut-être, mais remarquables par la vigueur et la hardiesse, école florissante en Espagne et qui a été influencée dans des proportions diverses par les traditions locales, par l'action de la France et de la Belgique et par Fortuny, ce maître peintre.

Qu'on ne nous accuse pas toutefois d'avoir, comme les Espagnols, peint trop noir. Il est des vérités consolantes pour notre orgueil national, que nous nous sommes réservées, touches claires et joyeuses destinées à disperser les ombres un peu épaisses peut-être de notre tableau du Salon. Et d'abord le triomphe de nos paysagistes et de nos peintres de portraits. Le paysage et le portrait sont deux genres essentiellement nationaux. Ils échappent à la patiente analyse, mais comment ne pas proclamer avec reconnaissance que Rousseau, Millet, Corot, Chintreuil, Jules Dupré, ont encore des disciples parmi nous ? Comment ne pas citer l'admirable paysage de M. Harpignies ? Comment taire les noms de quelques-uns de ceux qui, avec des données diverses, représentent dignement au Salon le paysage français : MM. Hanoteau, Binet, Defaux, Julien Dupré, Petit-Jean, Olive, Demont et vingt autres que nous oublions ? Et les portraits I N'est-ce pas finir sur un lieu-commun que de rappeler le triomphant, l'incomparable portrait de M. Paul Dubois ? que d'honorer la délicatesse savante des figures de M. Th. Delaunay, la vérité saisissante de celles de M. Fantin-Latour, la grâce de M. Cabanel, la sûreté d'exécution de M. Bonnat, l'élégance de M. Comerre, la sincérité de M. Mathey, l'originalité heureuse de M. Friand, l'habileté dès maintenant souveraine de M. Wencker ? Après Ingres, après Flan-rin, après Ricard, nos peintres de portraits continuent la tradition nationale, ils commandent le respect et forcent l'admiration.

Faut-il tout dire, en un mot ? Si les étrangers ont trouvé le secret de nous charmer chez nous quand ils viennent en petit nombre apporter dans nos Salons leur note personnelle et raffinée, nos peintres n'ont pas du moins perdu l'habitude de les charmer chez eux quand, choisie pour le bon combat, leur cohorte généreuse se présente à l'étranger. Allez à Anvers, c'est encore dans la section française que vous trouverez le goût et l'élégance, et la recherche de la vérité, et la diversité du talent. Faites le tour de l'Europe, voyez les musées contemporains d'Allemagne et d'Italie, parcourez ceux d'Angleterre, de Belgique et d'Espagne, puis dirigez-vous vers le Sénat et allez-vous reposer au Luxembourg : vous ne désespérerez pas de la peinture française.

ISBN : 978-1983884672